AF224169

A MESSIEURS

LES ÉLECTEURS

DU DÉPARTEMENT DE LA NIÈVRE.

Au moment où l'urne électorale va recevoir les destinées
de la France, il est du devoir des véritables défenseurs du
trône, des sincères amis de la charte, des sujets fidèles de
son auguste auteur, d'apporter sur l'autel de la patrie le tribut des moyens par lesquels ils peuvent contribuer à des
choix tels que les réclament l'intérêt et le bonheur publics.
Je ne puis faire hommage que du fruit de ma longue expérience : mais ce tribut est peut-être le plus utile dans la
conjoncture présente. On ne saurait trop sonder les sources
corrompues qui ont vomi sur la France tant de calamités.
C'est le préservatif le plus puissant contre les calamités
nouvelles dont la menacent encore les éternels artisans de
discorde.

Placé dès le commencement de la révolution au centre des
grands événemens politiques, victime de toutes les tyran-
nies qui ont pesé sur cette terre de malheur pendant son
veuvage de ses princes légitimes ; honoré de la confiance du
département de la Nièvre comme député en 1795 ; membre
du conseil des Cinq cents ; inspecteur de la salle dans les
momens les plus orageux, particulièrement chargé de la
contre-police que nécessitaient alors les manœuvres des fac-
tieux ; déporté à la Guyane au 18 fructidor 1797 ; enfin,
proscrit par Buonaparte, à la même époque que mon beau-
frère Hyde de Neuville, je ne suis resté étranger à aucune
circonstance importante. J'aurais bien désiré acquitter en

entier la dette que m'imposent de tels antécédens en publiant,
dès-à-présent, un ouvrage dans lequel je démontre l'enchaî-
nement, la filiation et l'hérédité de toutes les factions qui
ont déchiré le sein de la France depuis 1789, et spéciale-
ment de celle trop peu connue qui, au 18 fructidor, a condamné une foule de députés et d'hommes de lettres à aller
expier dans les déserts de Sinamary le tort d'avoir voulu
mettre un terme aux maux de notre infortunée patrie. Mais
cet ouvrage, qui aurait été publié dès 1814, si les vicissi-
tudes politiques que la France a encore subies ne s'y étaient
pas opposées, ne saurait en raison de son étendue être im-
primé avant plusieurs mois. Le temps et les faits sont trop
pressans pour admettre un semblable délai. J'ai donc cru
devoir me borner aujourd'hui à en extraire la conclusion,
où je m'efforce de prouver combien la nécessité de s'enten-
dre devient chaque jour plus impérieuse pour tous les amis
de l'ordre et de la légitimité. Les partisans de l'agitation
tiennent toute leur force de leur parfait accord ; c'est le seul
avantage qu'ils aient sur les gens de bien : qu'ils le perdent,
et nous serons étonnés nous-mêmes de la faiblesse de leurs
autres moyens. Mais plus d'hésitation ; l'époque est décisive.
Il est impossible d'en douter, si l'on se pénètre bien de la
situation intérieure et morale de la France.

Quels qu'efforts que fasse la politique humaine pour assigner d'une manière satisfaisante toutes les causes du nouveau
siècle de fer que le retour de l'usurpateur a fait peser sur
la France en 1815, quelles que vives que soient les lumières
qui peuvent jaillir à cet égard d'une foule de circonstances
sur lesquelles on ne peut plus s'aveugler aujourd'hui, peut-
être faut-il porter ses regards plus haut et remonter jusque
dans les conseils de la Providence pour découvrir le véritable secret de ses nouvelles rigueurs : ne pourrions-nous
pas le trouver, au moins en grande partie, dans la manière
dont on a usé, en France, de ses premiers bienfaits ? Telle
a été, en effet, notre coupable indifférence à cet égard, qu'à
peine a-t-on daigné remarquer les prodiges dont le ciel avait

entouré notre délivrance politique. Cependant dans quel événement humain et chez quel peuple Dieu fit-il éclater plus visiblement sa protection particulière sur les destinées d'un grand royaume? L'histoire du monde offre-t-elle un autre exemple d'une restauration nationale aussi miraculeusement opérée? Où trouver ailleurs, parmi ces grandes crises qui abaissent et relèvent les trônes, un mouvement politique comparable à celui dont nous fûmes témoins en 1814; mouvement vraiment inoui dans les fastes du monde, qui, marchant au bien avec la rapidité du mal, abattit l'usurpation, détruisit la tyrannie, fixa la paix au dehors par l'accord de tous les potentats, et le bonheur au dedans par l'union du monarque et du peuple, sans que d'aussi grands résultats eussent coûté à la France un seul jour de guerre civile, sans que la patrie eût vu rougir son sol d'une seule goutte de sang français versé par des mains françaises? Précédé du seul bruit de sa sagesse et de ses malheurs, entouré des hommages de l'Europe entière, qui inclinait ses armes sur son passage, l'auguste frère de Louis XVI était rentré dans son palais comme, après un long et périlleux voyage, un bon père rentre dans le sein de sa famille au milieu des acclamations de joie et des élans d'amour de ses enfans. Assis sur le trône de Charlemagne et de Louis XIV, devenu plus indépendant que ces grands monarques dans l'exercice du pouvoir souverain, dont la révolution avait confondu les anciens contre-poids avec les ruines de l'usurpation, Louis XVIII se donne volontairement à lui-même des chaînes que nul au monde n'avait le droit de lui imposer. Maître de retenir l'autorité toute entière, il en octroie une partie à ses sujets, et consent à partager avec les grands du royaume et les élus du peuple les travaux de la législation. Dispensateur généreux de son pouvoir, il se montre prodigue de sa clémence. Sa bonté fait, pour ainsi dire, violence à sa justice, en jetant le voile de l'amnistie sur des crimes qu'il n'appartenait pas aux lois humaines de laisser impunis, et dont le ciel peut seul absoudre le coupable pour prix de son repentir. Une charte nouvelle, propre à lier le passé à l'avenir par la sécurité même du présent, en comblant par des institutions monarchiques l'abîme où l'anarchie de tous et le despotisme d'un seul avaient tour-à-tour enseveli, pendant trente ans, notre bonheur et notre liberté; l'indépendance politique de la couronne et du territoire de l'ancienne France reconquise sur la coalition des rois et des peuples, sans autre rançon qu'une part honorable dans l'alliance et les conseils de la grande famille européenne, sans autres armes que la juste confiance inspirée par les vertus personnelles du monarque et de sa famille; un gouvernement moins occupé à fortifier ses propres ressorts qu'à détendre ceux de la longue tyrannie qui l'avait précédé; une impulsion douce et réparatrice donnée à toutes les branches de la haute administration du royaume; les entraves du commerce généralement écartées dans ses rapports à l'étranger; les chaines de la conscription notablement allégées; celles dont la police accablait ses trop nombreuses victimes, échangées contre les douceurs d'une liberté que la munificence royale vint plus d'une fois anoblir; la réconciliation des esprits généreusement tentée par un système de conduite qui plaçait sur la même ligne, en regard du trône et dans la dispensation des emplois, les hommes qui avaient tout perdu à défendre la royauté, et les hommes qui avaient tout gagné à la détruire; la fidélité elle-même souvent négligée pour des égards prodigués à l'ancienne félonie, et des prévenances marquées qui allaient chercher celle-ci au milieu de ses remords et calmer ses terreurs par des bienfaits; noble réaction de la clémence contre l'erreur et le crime, la seule réaction, la seule *terreur* qu'on puisse imputer au gouvernement royal; la seule qui ait eu de la réalité parmi toutes les fables ridicules dont l'ingratitude et la mauvaise foi se sont armées contre lui.

Tels sont notoirement les moyens de restauration par lesquels la royauté des Bourbons s'essayait à rouvrir, sur le terrain désolé de l'ancienne monarchie, la route qui mène un peuple au bonheur sous la bénigne influence d'un pouvoir légitime.

Mais déjà cette route était minée par la double conjuration du buonapartisme et de la démocratie. L'explosion ne se fit pas attendre, et la France, à peine rentrée dans les douceurs du repos monarchique, se retrouve de nouveau à son réveil, et tremblante en face de la révolution entre les chaines de l'empire et les poignards de l'anarchie.

Ce que l'ingratitude, la perfidie et le parjure avaient commencé, la force l'achève. Buonaparte rentre aux Tuileries, et Louis XVIII reprend la route de l'exil : alors commence un nouveau siècle d'esclavage et de licence ; il n'est que de cent jours. Mais si le ciel en a abrégé la durée pour faire éclater son pouvoir, il en centuple les calamités pour satisfaire sa justice. La guerre civile précède la guerre étrangère ; on couvre de morts les rivages du Rhône et de la Drôme ; et, tandis que les champs vendéens sont encore jonchés des cadavres de Français égorgés par des Français, la victoire des alliés creuse au pied du mont Saint-Jean le vaste tombeau où viennent s'engloutir en un jour l'armée toute entière et la gloire militaire de l'homme fatal qui abusa de son courage pour en sacrifier les nobles restes à son aveugle ambition.

L'Europe s'avance alors une seconde fois, non plus en amie, mais comme conquérante. Son respect pour un monarque, dont le malheur rehausse les vertus, en bornant l'exercice de ses représailles dans le cercle des bienséances politiques, n'ôte rien à l'exigeance des compensations ni à la rigueur des garanties dont la crainte de l'avenir, trop justifiée par le facile succès de la félonie de Buonaparte, semble lui faire une loi envers les autres peuples de l'Europe. En expiation du crime des cent jours, la France, le front couvert d'un crêpe funèbre, se voit forcée de consentir à la remise de ses places fortes, à l'occupation militaire de ses frontières du Nord, à la restitution des chefs-d'œuvre des arts qu'elle avait conservés, à celle des contributions pécuniaires levées sur l'étranger par tous ses gouvernemens illégitimes, et au paiement énorme d'un milliard de francs, à la suite d'une double invasion, qui a porté atteinte à son commerce, affaibli son industrie, paralysé son agriculture et fait disparaître ses capitaux ; masse de fléaux politiques si épouvantable, que la réunion de toutes les époques les plus calamiteuses de la monarchie, sous les Bourbons, ne saurait entrer en compensation avec elle.

Du sein de tant de désastres, dont le patriotisme s'indigne, et dont l'intérêt gémit, la monarchie se relève pourtant encore. Elle s'offre saignante de ses blessures, mais non privée de sa dignité, aux regards des vainqueurs, s'appuyant sur le royalisme, dont l'élan spontané dans toutes les parties de la France, prouve de nouveau que la patrie n'a point péri parmi nous, puisqu'il nous reste ce qui fit son salut dans toutes les grandes crises, l'honneur et l'amour de nos rois.

Jamais peut-être ces deux nobles sentimens, qui constituent, pour ainsi dire, la vie sociale d'un Français, n'avaient trouvé de plus dignes organes que dans le sein des chambres délibérantes de 1815. A bien des égards, cette session ramène aux souvenirs de l'époque législative flétrie par l'attentat du 18 fructidor.

Des deux côtés, c'est au sortir de la tourmente révolutionnaire, mal apaisée par la chute des tyrans qui en avaient soulevé les flots, que les deux conseils sous la république, et les deux chambres sous la monarchie, rouvrent la carrière de leurs travaux réparateurs. Là on aperçoit, à peu de distance, les échafauds de Robespierre : ici, l'on a sous les yeux la félonie de Buonaparte. D'un côté, les fédérations amies, les clubs désorganisateurs, les scènes sanglantes du camp de Grenelle, de prairial, etc. ; de l'autre, l'appel révolutionnaire fait aux faubourgs de la capitale, les ligues des fédérés, les saturnales du champ de mai signalent, par les mêmes symptômes d'anarchie, le malaise du corps politique. De l'une et l'autre part, il s'agit de raffermir l'édifice social ébranlé jusque dans ses fondemens par la révolte et la tyrannie, de comprimer des factions terrassées, mais non détruites, d'arrêter, ou du moins, de ralentir le torrent empoisonné des fausses doctrines, d'en purifier les eaux et de les diriger sous l'influence de l'opinion publique dans le sens de la monarchie légitime : là, pour en opérer le retour; ici, pour en prévenir la troisième chute. Si les conseils ont à combattre les passions révolutionnaires, plus ardentes sans doute par le voisinage de leur premier foyer, les Chambres ont à lutter contre les intérêts positifs nés du triomphe de ces mêmes passions, et peut-être plus redoutables qu'elles à raison de l'intensité d'une corruption systématique dont l'égoïsme est la base ; puissant obstacle à la restauration morale de l'État, et dont la trop longue domination de Buonaparte a immensément augmenté la force. Jusqu'à lui, l'esprit révolutionnaire n'avait été poussé aux crimes que par l'enthousiasme délirant de la licence. Cette sorte de dépravation, toute déplorable qu'elle est en soi, donne quelque prise au repentir ; elle s'affaiblit par ses propres excès, et cède à la longue ; elle semblait prête à s'éteindre, lorsque l'homme du destin s'en empara pour la modifier à son profit.

Il fut donné à cet homme fatal, en arrêtant au dehors quelques développemens de l'esprit révolutionnaire qui eussent contrarié son despotisme, d'en fortifier le principe et d'en consolider les résultats dans ce qu'il renferme de plus contraire à la morale publique, et par conséquent au bonheur des nations. Pressé de régner sur la France, n'importe par quels moyens et par quels hommes, il enrégimenta pêle-mêle le crime avec la vertu; il les fit entrer dans les cadres de l'empire en se chargeant de lui payer les arrérages et les primes révolutionnaires non soldés par la convention et le directoire. Sous ses bannières où l'on voyait écrit en lettres de sang et d'or : *impunité pour le passé, protection pour l'avenir*, le coupable, jusqu'alors inquiet, timide et tourmenté, vint étouffer ses derniers remords ; pour la première fois on se sut bon gré de sa propre infamie, et l'on eut à se féliciter sous Buonaparte d'avoir été jacobin sous Marat. La légitimité, chaque jour plus refoulée dans le vague lointain d'un avenir auquel les succès toujours croissans de l'usurpation ne permettaient pas d'assigner de terme, ne fut plus qu'une chimère d'imagination, et cessa d'effrayer, par son retour, ailleurs que dans les songes. Le bonnet rouge, la pique, l'écharpe conventionnelle, la sonnette des clubs, les haillons du sans-culottisme, consentirent à dormir tranquilles sous les aigles de l'empire. Le jacobinisme, un peu débarbouillé de ses anciennes turpitudes, hors des taches d'un sang que rien ne peut laver, voulut bien se laisser faire, et subit, sans trop de mauvaise grâce, les apprêts de la toilette impériale. Assis sur les plus hauts bancs de la nouvelle hiérarchie, la tête surmontée de toques et de panaches, la poitrine bariolée de cordons qu'il déshonorait, les mains armées de pouvoir, pleines tout à-la-fois d'anciennes rapines et de faveurs nouvelles (1), il abjura sa peur, garda ses principes, et prit patience.

Alors un pacte fut juré entre le despotisme et l'anarchie ; la mauvaise foi reçut leurs sermens, et la corruption se chargea de les tenir. Le règne de l'égoïsme commença : tout fut réduit au pied de l'intérêt personnel, et la gloire elle-même ne put pas toujours échapper à ses calculs. On courut plus d'une fois à la victoire pour s'enrichir, les mutilations du champ de bataille eurent leur tarif, et le dévouement guerrier fut considéré comme une monnaie de cour pour obtenir des places et des trésors. Cette contagion, dont le brillant héroïsme de la valeur française ne put entièrement préserver tous les rangs de

---

(1) Quoi de plus révoltant, de plus affligeant pour des cœurs vraiment français, que le contraste qui se remarquait dans les premiers corps de l'État ? On y voyait les hommes les plus coupables siéger à côté des personnages les plus recommandables par les vertus comme par les talens ? Il était impossible que l'orgueil de Buonaparte lui-même n'en fût pas offensé. L'extrême nécessité avait seule pu lui arracher de telles concessions : il les aurait certainement révoquées dès qu'il se serait cru assez solidement établi sur le trône pour lui rendre toute sa dignité. Un roi usurpateur devait, plus encore qu'un roi légitime, redouter des hommes qui avaient mis l'assassinat des *rois* en doctrine et en pratique.

l'armée, descendit de ce point éminent de notre gloire dans les autres classes de la société, et, comme un poison corrosif, y sema la dépravation morale des esprits et des cœurs.

Cette dépravation se fortifia, pendant quatorze ans, de tout ce que le despotisme a de plus dégradant. Aussi, malgré les apparences de vie que donnait au gouvernement illégitime l'éclat de nos armes, la patrie était morte en France par la dissolution de tous les principes conservateurs de la stabilité sociale; et l'Europe, en tombant sur nous de tout le poids de ses peuples, n'avait fait que déranger quelques résultats extérieurs de ce désordre, sans en détruire la cause. En ôtant Buonaparte du milieu de nous, elle avait bien extirpé le cancer politique, mais elle n'avait pu en détruire les racines ni en étouffer le germe dévorateur. Le Corse, en partant, emmena avec lui le despotisme, mais il laissa les jacobins et le virus de la révolution avec eux : le pire nous resta.

La France, comme Etat, offrait donc en 1815 moins une véritable organisation sociale qu'un mélange d'élémens monarchiques, confondus avec les débris d'un gouvernement militaire, et les restes d'une ancienne démocratie toujours ardente et prête à ressaisir la part de puissance que le despotisme abattu laissait après lui.

C'est de ce chaos d'anarchie invétérée , autour duquel se pressait une foule d'intérêts nouveaux, consacrés par le temps et les circonstances, qu'il fallait faire sortir l'antique monarchie, modifiée dans ses accessoires par la Charte royale, mais éternellement la même dans sa nature : on ne pouvait y réussir qu'en lui donnant pour appui la régénération morale de la société, c'est-à-dire, l'amour de l'ordre, l'attachement aux lois, le respect pour la religion , le dévouement au prince, l'esprit de conservation et de propriété sans lesquels la nation la plus nombreuse ne présente que des agrégations nomades, sans ciment politique, et disposés à subir indifféremment les pressions du despotisme et les turbulences de la démocratie. L'œuvre était grande, belle et peut-être moins difficile qu'on l'a pensé : les Chambres de 1815 l'entreprirent avec franchise et courage : il ne leur a pas été donné de l'accomplir. La chaîne de leurs efforts une fois rompue, les passions firent irruption dans le domaine de la loi; elles appelèrent les fausses doctrines à leur secours, et l'on vit l'ancien démagogisme, comme pour se dédommager de la longue contrainte que lui avait imposée la tyrannie d'un usurpateur, essayer de nouveau ses forces contre le trône du monarque légitime. Accourue à ce bruit, qui lui rappelle les jours de ses affreux triomphes, la révolution sort alors des antres où sa propre honte la retenait captive. Armée de concessions surprises à la loyauté, à la confiance, et peut-être à l'inexpérience, elle ne perd pas un instant pour reprendre la perversité de sa nature, et l'action malfaisante de ses principes. Elle attaque corps à corps la monarchie; ici par des révoltes à main armée; là, par des émeutes factieuses : plus loin, par des choix indignes qui replacent le régicide en face du monarque, et l'échafaud de Louis XVI à côté du trône de Louis XVIII (1); sur divers points du royaume, par des comités insurrectionnels, simulacres menaçans des anciens clubs dont ils s'établissent les continuateurs et les émules par des écrits outrageans pour la religion, insultans pour le trône, hostiles contre la monarchie, favorables à la licence, et tels qu'on les prendrait pour des éditions revues, mais non corrigées, des pamphlets les plus virulens de 1793 : elle l'attaque enfin au sein même de la capitale avec un poignard qui, rouvrant la blessure parricide faite au cœur de Henri IV, menace sa postérité et l'avenir de la France en frappant à mort l'un des rameaux les plus féconds de son illustre tige (2).

A ce coup, plus terrible qu'imprévu, se découvrent dans toute leur profondeur les nouvelles plaies faites à la patrie : la voix du royalisme, qu'on avait laissée pendant quatre ans

---

(1) Nomination du régicide Grégoire à la Chambre des députés.

(2) Monseigneur le Duc de Berri, assassiné par l'athée Louvel, le 13 février 1820.

se perdre dans le désert, est enfin écoutée, et la monarchie, toute baignée des pleurs qu'elle vient de répandre sur la mort d'un fils de France, semble se relever de dessus son cercueil avec un courage égal aux dangers qui la pressent, dangers d'une nature d'autant plus grave et plus délicate, qu'ayant permis à la démocratie de recruter (1) pour son propre compte à l'abri de son nom, la royauté voit ses principes méconnus, ses intérêts oubliés, sa stabilité compromise par les moyens même qui devaient assurer son triomphe.

Depuis l'ordonnance du 5 septembre 1816, comme avant la crise du 18 fructidor 1797, les deux doctrines sont en présence ; les débats offrent la même opposition ; le résultat, sauf la différence du succès, ne saurait être aujourd'hui, comme alors, que le triomphe d'un parti sur l'autre ; peut-être même la faction directoriale, qui avait pourtant pour elle l'appui du pouvoir et les avantages d'une position légale, mit-elle plus de décence, plus de mesure dans ses attaques, que certains orateurs n'en gardent dans les débats des Chambres, aujourd'hui qu'une Charte, fruit de la plus haute sagesse, devrait rattacher à la monarchie toutes les voix, toutes les plumes ainsi que tous les cœurs. Et qu'on ne s'y trompe pas, les harangues de nos députés ne sont pas de simples discours académiques sans importance et sans effet ; leurs paroles, chargées pour ainsi dire des fermens embrasés de l'opinion qu'elles expriment, sont puissantes comme la foudre, et frappent souvent comme elle.

Dans toute monarchie où la constitution élève une tribune publique, elle donne une rivale à la couronne, elle offre un point d'appui légal aux pouvoirs qui veulent lutter avec elle. Notre histoire fait foi des effets de cet état d'hostilité constitutive lorsque rien ne s'oppose à la collision, ou que, remontée au niveau du trône par les égaremens ou la fausse direction de l'opinion publique, la démocratie

____

(1) Par la trop fameuse loi des élections, qui n'a pu l'effacer de notre code politique que couverte du sang le plus pur et le plus auguste.

peut attaquer pour ainsi dire la monarchie au plus près,
et la combattre à armes égales. Si quelqu'un pouvait s'aveugler encore sur les résultats d'un conflit politique de ce genre,
qu'il tourne un moment ses regards en arrière, et qu'il nous
dise ce que devint la monarchie sous l'assemblée constituante,
la royauté sous l'assemblée législative, et le Roi lui-même sous
la convention ; qu'il nous dise d'où partit, dans un temps
plus rapproché, le premier trait qui blessa le despotisme de
Buonaparte en France, en 1814 (1), et qui porta les derniers
coups à son pouvoir en 1815, lorsque, désertant de son
camp et accourant en toute hâte à Paris pour soutirer de la
Chambre des cent jours cent millions et trois cent mille
hommes, il se vit obligé de s'humilier devant elle, et de prévenir par un acte d'abdication qui lui fut dicté, la déchéance
qu'elle allait prononcer contre lui.

C'est donc dans le sein des assemblées délibérantes que se
forgent, sous un gouvernement représentatif, les instru-

____

(1) A peine le bras d'airain, sous lequel était courbée la France,
commença-t-il à perdre de sa force oppressive par les défaites de
Buonaparte, en 1814, que les premiers soupirs de la nation captive s'exhalèrent du sein du Corps législatif. Appelé par la force des
événemens à s'occuper des malheurs de la patrie et des moyens d'y
remédier ; il confia cette mission honorable, et qui pouvait devenir
très-périlleuse, à une commission où l'on remarquait MM. Lainé,
Maine de Biran, Raynouard et Flaugergues. Ils s'acquittèrent,
avec autant de courage que d'habileté, de cette tâche importante.
La voix de M. Lainé, leur interprète, fut, ce qu'elle est toujours,
éloquente, sage et ferme : inspirée par l'opinion publique, elle
devint irrésistible ; elle donna le signal de la chute de Buonaparte ; il le sentit, et ne fut pas assez grand pour contenir sa rage,
qu'il épancha en langage de porte-faix. Il congédia le Corps législatif, et pour quiconque n'est point étranger aux méditations de
la politique, ce jour-là décida de son sort. Grande leçon pour
l'autorité dans les constitutions mixtes ? L'opinion publique qui
dans ces Etats presse de toutes parts les élémens de la société, ne
permet pas un instant d'erreur dans la manière de l'éclairer et de
la diriger à ceux en qui réside la puissance.

mens de salut ou de dommage qui peuvent le soutenir ou
le détruire. C'est au bon choix des députés, c'est à leur
conduite législative que sont attachées, dans le système politique qui nous régit, les destinées de la France. Je les ai
vues, en 1797, orageusement balancées par la lutte des deux
partis qui partageaient les Conseils, prêtes à abandonner la
république pour se diriger vers la monarchie, et faciliter le
retour de l'autorité légitime, vivement désirée à cette époque
par la plupart de ceux-là même qui avaient suivi la route
révolutionnaire : alors il n'existait point de milieu entre la
tyrannie absurde du directoire et le gouvernement paternel
des Bourbons, point de nuances intermédiaires entre les lis
et le bonnet rouge, et bien peu de difficulté à réconcilier
sous la main de nos Rois la liberté nouvelle avec la liberté
ancienne : alors la corruption n'était pas encore érigée en
système, et le crime était capable de croire à la clémence
et disposé à la bénir. La restauration opérée à cette époque
eût épargné Buonaparte à la France et à l'Europe ; c'était les
sauver à peu de frais (1).

____

(1) Si le relâchement qu'éprouvaient depuis la régence tous les
liens sociaux, si l'affaiblissement graduel des ressorts du gouvernement à mesure qu'ils auraient dû au contraire prendre plus
d'intensité, avaient condamné la France à subir une révolution
désastreuse, au moins était-il désirable, pour elle comme pour
l'Europe, que ce fléau s'arrêtât, lorsque suffisamment instruite par
sa propre expérience, elle n'était encore affligée que d'une plaie
incurable. Le 18 fructidor était sans contredit cette époque favo-
rable. Les malheurs et les crimes enfantés par le vertige révolutionnaire, les tristes essais qu'on avait faits des diverses théories
politiques avaient éclairé le peuple sur ses véritables intérêts ; il
ne voyait plus de salut que là où il était réellement, dans le retour
de l'autorité légitime. L'activité révolutionnaire avait bien mis
en mouvement toutes les ressources de la France, mais elle était
encore loin de les avoir épuisées ; nos généraux avaient donné à
nos armes assez d'éclat et de force pour qu'on n'osât plus nous
disputer les limites du Rhin ; la plupart des Français d'alors
avaient été les témoins de la gloire et de la bonté des princes de

Au milieu des ruines dont ce fatal dominateur les a cou-
vertes pendant le trop long épisode de son élévation et de
sa double chute, mes regards se sont naturellement portés
vers la crise politique qui eût empêché le génie du mal de
l'enfanter pour les troubles du monde. Témoin chaque jour,
sous le règne d'un Bourbon, du scandale des mêmes doctrines, de la propagation des mêmes principes, et de l'au-
dace des mêmes factions que nous eûmes à combattre il y a
vingt ans pour conquérir la monarchie sur le terrain usurpé
par la république, j'ai pensé que le rapprochement des circonstances fructidoriennes avec les symptômes actuels ne
serait pas sans utilité. Dans les révolutions des Etats, la
connaissance du passé est le guide le plus sûr du présent,

---

la Maison de Bourbon ; enfin la nation entière était encore imbue du souvenir de leurs bienfaits. Que de moyens de prospérité
renfermait encore un tel état de choses !

Cependant certains optimistes ont dit et écrit qu'on ne pouvait
revenir à la monarchie légitime qu'après avoir parcouru en entier
le cercle de nos aberrations politiques ; *qu'il est indifférent pour
l'intérêt général que plus ou moins d'intérêts particuliers aient été
lésés, qu'aujourd'hui tout le passé doit être enseveli dans le plus
profond oubli.* Langage fort commode pour quiconque n'a trouvé
que tranquillité et prospérité au milieu des tempêtes qui ont en-
traîné tant de naufrages. Oui, il est nécessaire de tirer le rideau
sur les pertes imposées par ce cruel passé : mais est-il *indifférent*
pour un tiers des familles les plus recommandables d'avoir vu
consommer leur ruine par dix-huit ans de calamités, dont il eût
été si facile d'arrêter le cours ? L'est-il pour la France d'avoir
laissé dévorer ses dernières ressources pour satisfaire l'insatiable
avidité ou la folle ambition de quelques audacieux ? L'est-il pour
la génération actuelle d'avoir été imbue des principes destructeurs
de la saine morale, et par conséquent de son bonheur ? L'est-il,
enfin, pour l'honneur des Français, de devoir à l'influence étrangère le salut qu'il eût été si glorieux pour eux de ne tenir que de
leur courage et de leur sagesse ? Ah ! sans doute, oublions à jamais les déplorables effets du passé; mais ayons toujours présentes
ses causes pour en appliquer les leçons au présent et à l'avenir.

l'oracle le plus infaillible de l'avenir. Là où les mêmes causes se reproduisent, on doit s'attendre aux mêmes effets. Au 18 fructidor, la révolution l'emporta sur le royalisme : de là vingt ans de nouvelles calamités pour la France et l'Europe. Un pareil triomphe de la faction anti-monarchique qui nous travaille, ramènerait pour le monde entier des malheurs peut-être irréparables. La sagesse des Chambres, puissante auxiliaire de celle du Roi, peut sans doute nous en affranchir. Mais, comme aux jours fructidoriens, des partis opposés s'agitent, et sans l'abnégation franche de cet esprit de coterie qui divise trop souvent les bons, sans le concours franc et énergique de toutes les volontés généreuses, sans un plan de conduite délibérative, qui fixe les irrésolutions et prévienne les divergences, la ruine de l'État peut sortir encore d'où l'on attendait son salut.

Et quel temps fut jamais plus visiblement marqué pour un système politique, d'où puissent naître des siècles de stabilité, que le moment ineffable, où du fond d'un tombeau apparaît à nos yeux, encore mouillés des larmes que fit couler un grand crime, le berceau dépositaire de l'objet de nos vœux les plus ardens, et de nos plus chères espérances ! Ce berceau, qui, protégé du haut des cieux par un prince dont la mort a tant illustré la vie, présage la survivance de ses vertus au fils qu'il lègue à nos cœurs ! Ce berceau, enfin, autour duquel les souverains rassemblés, dans la personne de leurs représentans, viennent de saluer du titre auguste et solennel d'*Enfant de l'Europe*, ce nouveau *Dieudonné*, qui d'une manière plus miraculeuse encore qu'aux jours antérieurs, nous est apporté du ciel même pour fixer les destins de la terre !

Oui, le doigt de Dieu est vraiment ici ; nul ne saurait le méconnaître. Ce Dieu, dont la bonté sauvait son peuple choisi par l'éclat des miracles, a toujours voulu relever la France par la naissance ou le salut inattendus des enfans de nos Rois. Ce beau royaume, le royaume très-chrétien, est-il menacé sous Louis XIII de voir les préparatifs du grand siècle se perdre faute d'une main pour les recueillir ? Du sein d'un mariage, frappé de stérilité pendant vingt-deux ans, naît un enfant, et le grand siècle de Louis XIV étonne le monde.

La gloire de ce Monarque, et celle de la France, chancellent-elles sur la tête d'un enfant à qui sa faible constitution promet à peine quelques jours d'existence ? Cet enfant se fortifie contre tout espoir, et soixante ans d'un bonheur trop doux luisent sur la France pendant les règnes de Louis XV et de Louis XVI jusqu'à l'ère révolutionnaire.

Enfin, dans la mer de sang où la révolution a englouti les premières victimes royales, son infernal génie plonge le Duc de Berri, que la nature semble destiner seul à perpétuer son auguste race : l'infortuné meurt sans héritier : déjà son féroce assassin se réjouit d'avoir coupé la racine des lis, et soudain, du sein d'une héroïne, s'élance vers la vie le fils des derniers jours de ce prince qui, hélas ! ne doit voir ni ce fils miraculeux, ni les transports de l'allégresse générale.

A l'aspect de tant de prodiges, quelle ame ne s'embraserait pas d'amour pour ces élus de la Providence auxquels la France a si souvent dû sa gloire et son salut ? Quel cœur ne sentirait pas le besoin de se précipiter, à la voix de la patrie, dans la noble carrière du bien public, d'abjurer tout intérêt privé, de se dépouiller de toutes préventions injustes, et d'arriver, par le choix d'hommes sages, fermes, constans amis de la légitimité et de la Charte, à la composition d'une Chambre qui fonde enfin l'union, désormais indissoluble, des bourbonistes avec le gouvernement ; seule condition de tranquillité et de bonheur pour la France.

Cᴴ. DE LA RUE,

Ancien Député de la Nièvre, chevalier des ordres royaux de St.-Louis et de la Légion d'honneur, et Garde-général des Archives du Royaume (1).

---

(1) Membre, et l'un des rapporteurs de la commission des contributions en 1797, j'ai prouvé que le département de la Nièvre était surchargé de 300,000 francs, et il en a été dégrévé.

De l'Imprimerie de DEMONVILLE, rue Christine n° 2.